AF285844

1

Herstellung und Verlag:
BoD - Books on Demand, Norderstedt
ISBN 978-3-8423-3081-8

Angeln in und um Holzminden

Ein Angelführer von

Manfred Günther

Gewässerwart des SFV Holzminden

Copyright Alle Rechte vorbehalten 2017
Manfred Günther
Oberbachstr.53
37603 Holzminden

Vorwort

Sie möchten hier im Bereich unseres wunderschönen Weserstädtchens ihrer angelerischen Passion nachgehen. Dann sind Sie bei uns genau richtig.
Ich führe Sie durch unser Revier, zeige Ihnen die (leider allseits) bekannten „besten Fangstellen" und erkläre Ihnen die bei uns gebräuchlichsten Fangmethoden an Fluss und Teich.
Auch die sich ergebenen Besonderheiten die sich beim Angeln an einer Landesgrenze einstellen werde ich Ihnen erklären.

Bei den angesprochenen Teichen handelt es sich um Privat- oder Pachtgewässer des Sportfischervereins Holzminden e.V., auf allen gilt daher die Gewässerordnung des SFV Holzminden mit allen Mindestmaßen und Schonzeiten.
Für die Weserpachtstrecke gilt die gemeinsame Gewässerordnung des Weserbezirk 8 mit etwas abweichenden Mindestmaßen und Schonzeiten.
Die Gewässerordnung erhalten Sie beim Kauf eines Fischereierlaubnisscheines (kurz „Angelkarte") mit ausgehändigt.
Ich wünsche Ihnen viel *Petri Heil*

Sfv Holzminden e.V,
Angelteiche im Süden Holzmindens

Auf der vorherigen Seite sehen Sie den Süden der Stadt Holzminden in dem die meisten unserer Teiche liegen.

 Die Aufnahme erfolgte aus einem Heißluftballon, einem Erlebnis dem Sie hier oft nachgehen können.

Die Anfahrtswege entnehmen Sie bitte dem Textteil des Buches.

Einführung

Sie sind Angler und haben die Sportfischerprüfung erfolgreich abgelegt. Sie wollen nun Ihrer Leidenschaft im Raum Holzminden nachgehen und sind jetzt hier im Angelfachgeschäft vor Ort um sich über das Wie und Wo zu informieren.Das Was wissen Sie schon, groß müssen sie sein, edel und gut, die Fische. Nur wo sind sie?
Erstmal müssen Sie einen Fischereiberechtigungsschein erwerben, kurz Angel- oder Gastkarte genannt.
Als Niedersachse mit 1.Wohnsitz in Niedersachsen reicht dafür das Prüfungszeugnis der Sportfischerprüfung in Verbindung mit Ihrem Personalausweis.
Als Einwohner eines anderen Bundeslandes müssen Sie den Jahresfischereischein vorlegen.
Als Ausländer müssen Sie die Mitgliedschaft in einem Angelverein Ihrer Heimat vorlegen.
Sie bekommen dann nach der Bezahlung einer Gebühr, immer den aktuellen Aushang beachten, Ihre gewünschte Gastkarte.
Darauf stehen Ihre persönlichen Daten (kennen Sie schon ist aber für einen eventuellen Kontrolleur wichtig) sowie der Gültigkeitsrahmen in Kalendertagen (nicht von 17.00 bis 13.00 Uhr am nächsten Tag sondern z.B.22.05.2017 bei einer Tageskarte).Die Gewässer für welche die Karte gilt sind aufgeführt, bei Flussläufen die Km Angaben.
Beschränkungen und meist der Hinweis auf die zu beachtende Gewässerordnung sind ebenfalls verzeichnet.

Sie bekommen noch ein Blatt Gewässerordnung zu Ihrer Gastkarte dazu und können nun im Bereich Holzminden angeln gehen.

Viel Spaß und Petri Heil aber wissen Sie auch wo Flusskilometer 78,9 oder km 84,3 sind?

Eine Kontrolle die Sie außerhalb dieser bezahlten Km erwischt käme Sie teuer zu stehen denn, wie heißt es so schön, Unkenntnis schützt vor Strafe nicht.

An welchen Stellen lohnt sich das Angeln und wo verplempere ich nur meine Zeit ?

Wie komme ich zu den Teichen die irgendwo am Stadtrand liegen und welche der vielen Kiesgruben sind es die ich beangeln darf?

Das sind Fragen mit denen ich täglich bei der Gastkartenausgabe konfrontiert werde. Natürlich gebe ich mir Mühe alle Fragen anschaulich zu beantworten aber manchmal reicht eben die Zeit nicht oder es gibt Verständigungsprobleme usw.

Daher kam der Gedanke zu diesem Buch das Ihnen helfen soll sich in unserem Revier zurechtzufinden und Sie vor groben Fehlern bewahren soll.

Denn nicht nur unsere Fischereiaufseher kontrollieren sondern auch die Polizei führt Kontrollen durch, die speziell Nachts am Teich immer für Sicherheit sorgen.

Ich werde nun mit Ihnen unser ganzes Revier abgehen und Ihnen die Besonderheiten erklären.

Übrigens Flusskilometer 78,9 sehen Sie auf dem Cover dieses Büchleins. Der Angler steht am Anfang unserer Weserstrecke.

Für alle unserer Ausflüge zu den Angelplätzen treffen wir uns immer am gleichen Platz von dem aus wir dann starten.

Es ist der große Parkplatz vor dem Weserhotel Schwager auf dem „ Johannismarkt", direkt vor der alten Weserbrücke (wir haben inzwischen auch eine neue Brücke für die B64 aber davon später mehr).

Es ist noch zu beachten das wir an der Landesgrenze zwischen Niedersachsen und Nordrhein-Westfalen liegen und diese bei uns durch die Flussmitte verläuft.

Holzminden hat jedoch einen Brückenkopf im wahrsten Sinne des Wortes denn auf dem linksseitigen Weserufer gehören uns rund 300 m Ufer die Mitglieder auch beangeln dürfen.

Die Grenze ist vom Kanuclubausleger neben der alten Brücke Stromaufwärts bis fast zum ersten Drittel des Campingplatzes,das Freibad eingeschlossen.

Wer also auf diesem Teil des Campingplatzes seine Rute ins Wasser hält benötigt eine Erlaubnis aus Holzminden und nicht etwa aus Stahle.

Früher waren die Angelvereine aus Holzminden und Stahle ein Verein aber heutzutage muss man aufpassen um keine Grenzverletzung zu begehen.

Nun also Rute und Köder gegriffen, Papiere und Gerätschaften eingesteckt und los geht's zu unserer ersten Tour. Viel Spaß.

Kanuclub

Weser

Alter Hafen

Weser

Hallo, da sind Sie ja. Wir stehen hier auf dem zentralen Parkplatz von Holzminden. Sehen Sie dort drüben das rote Fachwerkhaus? Es ist das sog. Tilly-Haus , das älteste Gebäude in Holzminden, hier hat angeblich während des 30 jährigen Krieges Heerführer Tilly gewohnt. Kennt hier jeder,so finden Sie immer zurück zum Johannismarkt.

Lassen Sie am Besten Ihr Auto noch stehen und folgen Sie mir zum alten Hafen der Stadt Holzminden.. Dazu gehen wir über die Ampel auf das große Gebäude mit dem markanten Turm zu.

Es ist das „Weserhotel Schwager"

Ganz recht, die Mauern links und rechts sollen das Hochwasser zurückhalten und wir gehen gerade durch eines der Fluttore.

Da rechts ist die alte Weserbrücke mit dem ehemaligen Eisenbahntunnel, jetzt eine Graffityaustellung.

Jetzt kommen wir schon zu einem der besten Fangplätze im Stadtgebiet für Weißfisch und deren Räuber.

Sie sehen links die Hafeneinfahrt unter der Fußgängerbrücke? Von dort bis zur alten Brücke läuft ein Kehrwasser das für unsere Schuppenträger höchste Anziehungskraft hat.Am besten lassen Sie sich an dem alten Slipkran nieder, keine Angst, der funktioniert nicht mehr und ist jetzt Denkmal.

Halt, nicht hinsetzen , wir wollen doch noch weiter.

Ich weiß, hier an der Hafenbar mit Sandstrand schmeckt

das Bier doppelt so gut, vor allem wenn man seine Sachen im Auge hat.

Aber wir wollen weiter und gehen den kleinen Hügel hinauf und über die Brücke. Sie sehen das sich hier der Weg gabelt, wir gehen erstmal oben weiter und sind am Museumshafen Holzminden angelangt.Sie sehen die zwei altertümlichen Gebäude links und rechts? Nachbauten einer mittelalterlichen Werft, daher auch die halb gesunkenen Einbäume im Wasser.

Richtig, vorne strömt sauerstoffhaltiges Wasser in das Hafenbecken und bietet den Fischen guten Lebensraum. Vorzugsweise Weißfisch und Forellen ziehen in das Becken und werden hier regelmäßig gefangen.

Wenn Sie nicht russisch sprechen haben Sie wahrscheinlich Schwierigkeiten sich mit den Dutzend Angelkollegen die im Frühjahr und Spätherbst fast täglich hier sind zu verständigen.

Drehen Sie sich nun mal um.

Parallel zum Hafenbecken läuft hier der Herrenbach und ist von der kleinen Brücke mit den Eisenbahngleisen bis zur Mündung in die Weser beangelbar. Natürlich nur wenn Wasser darin ist.Bei Hochwasser ein beliebter Treffpunkt der Forellenangler (alle Köder erlaubt) sonst kaum benutzbar. An der Mündung , zu der wir gleich kommen, fängt man immer wieder Bachforellen, trotz des niedrigen Wasserstandes da die Mündung verlandet.

Gehen wir nun zum Abzweig zurück, ja geradeaus kommen wir wieder auf den Parkplatz Johannismarkt und zu Ihrem Auto aber wir wollen nun zum

Treidelweg der sich am Weserufer rund zweieinhalb Kilometer stromauf dahinzieht.

Sehen Sie hier unter der kleinen Brücke mündet der Herrenbach in die Weser. Der Fischschwarm dort sind gute Rotaugen und junge Döbel.

Wenn wir nun den Treidelweg Weseraufwärts bis ans Ende unseres Reviers folgen ändert sich an der Uferbeschaffenheit nichts mehr. Am Ende der Strecke sind zwei Buhnen, die sog. „Bohnertsche Badeanstalt".

Ansonsten ist das Ufer mit Steinpackungen ausgelegt. Man fängt hier im Sommer gute Aale, ansonsten Döbel, Barsche, Weißfisch, Rapfen und vereinzelte Zander. Die früher häufig vorkommende Regenbogenforelle ist durch die seltenere Bachforelle abgelöst worden.

Hechte jagt man in dem Bereich nur in den Buhnen und im Kehrwasser am Hafen.

Wenn wir jetzt unter der alten Weserbrücke durchgehen kommen wir zu den Standplätzen einer großen Menge von Weißfischen die, von oben als große schwarze Wolke sichtbar, sich der Weserströmung im Bereich hinter den Brückenpfeilern entziehen.

Rings um diese Schwärme lauern die Jäger und so ist das auch ein guter Platz zum Spinnfischen. Hier werden jedes Jahr Döbel 5 bis 6 Kg schwer, Rapfen bis 5Kg, Hechte und Zander im 5 Kg Bereich gefangen.

Direkt gegenüber der Wendebucht ist an der Kaimauer ein guter Aalfangplatz, ideal zum Nachtangeln.

Wir gehen weiter in Richtung neuer Brücke bis zum Ende der Kaimauer. In den hier mündenden Nebenstraßen können Sie Ihr Auto abstellen, ein Befahren des Kais ist verboten.

Wir stehen nun vor dem großen Getreidesilo und sehen Sie die Ringe im Wasser zwischen den Dalben, das sind diese dicken Holzpfähle an denen die Lastkähne festmachen, dort treiben sich immer Barben, Zährten,Nasen und Forellen herum die sich das verschüttete Getreide einverleiben und den Schutz der Dalben zu schätzen wissen.Selbst Aale fressen sich den Bauch hier voll.

So nun lassen Sie uns zurückgehen und in Ihren Wagen steigen um ein Stück an der Weser abwärts zu fahren. Wir fahren jetzt vom Parkplatz herunter nach Norden. Dabei lassen wir die Ampel zur Weser links liegen und fahren schräg rechts in die Johannisstrasse, kreuzen vorsichtig die Fußgängerzone Obere Straße und fahren geradeaus weiter durch die Kirchstrasse. Rechts sehen Sie den Marktplatz mit seinem markanten Brunnen und links grüßt die Lutherkirche, die älteste Kirche in Holzminden.Immer weiter geradeaus und damit parallel zur Weser fahren wir durch den Neuer Weg bis auf die Wallstrasse. Hier biegen wir links ab und fahren bis unter die neue Brücke.Hier fahren wir rechts rein und parken. Weseraufwärts liegt jetzt der Schlachthof neben uns, weserabwärts ist der Hundesportplatz,das Marineheim und der Ruderclub mit Anleger. Dahinter beginnt das Bundeswehrgelände- Betreten verboten.

Wir steigen aus und gehen durch Unland unter der Brücke zur Weser hinunter.Die 100m bis zum Zaun der Bundeswehr sind eine der fangstärksten Stellen unserer Weserstrecke. Hier endet der Abwasserkanal des Schlachthofes direkt in die Weser und zieht unwiderstehlich die Fische in der Aromafahne an. Das gesamte Spektrum aller bei uns heimischen Fischarten ist hier vertreten und wird auch regelmäßig gefangen.

Ein guter Aalfangplatz ist zwischen dem Anleger des Ruderklubs und der Bundeswehr.

Zu Fuß kommen wir hier nicht weiter flussabwärts und müssen daher zum Auto zurück um den nächsten guten Fangplatz zu erreichen.

Wir fahren unter der Brücke durch und auf die Straße zurück. Am Tor zum Wasserübungsplatz der Bundeswehr vorbei biegen wir rechts in den Ziegeleiweg ein .

Rechts haben Sie die B64 und links Kleingärten. Am Klärwerk und dem Tierheim vorbei erreichen wir nach gerader Fahrt an der Brücke über die B64 die Lindenallee wo wir links einbiegen und bis zum Ende geradeaus fahren. Die Teiche links sind privat, dort dürfen Sie nicht angeln. Am Ende der Straße biegen Sie rechts ab und fahren noch ca.100m. Dann sehen Sie links einen schnurgeraden Feldweg direkt zur Weser runter. Hier parken wir den Wagen und gehen zu Fuß hinunter. Gegenüber am anderen Weserufer ist eine Hügelkuppe namens Kiekenstein, daher nennt man diesen Bereich unter dem Kiekenstein. Die Weser hat hier weite Kiesbänke und ist sehr flach, daher werden hier vor allen

Forellen, Rapfen Barsch, Aal und Barben gefangen.
Landschaftlich ein äußerst reizvolle Platz an dem man
den ganzen Tag in Ruhe verbringen kann
Weseraufwärts kann man am Ufer entlang bis zum
Bundeswehrgelände beim Spinnfischen gute Forellen auf
die Schuppen legen, auch der Rapfen ist stark im
kommen. Beim Nachtangeln auf Aal kann man die Ruhe
und Abgeschiedenheit des Platzes genießen.
Weserabwärts ist die Uferbeschaffenheit durch ein paar
flache Buhnen unterbrochen, diese sind jedoch nur
schwer und nur zu Fuß zu erreichen. Daran schließt sich
ein Naturschutzgebiet an bis zum Ende unserer Strecke.
So, jetzt haben Sie unsere Weserstrecke kennen gelernt,
von der Bohnertschen Badeanstalt (km 78,9) bis zum
Ende am Naturschutzgebiet (km 84,3).
An Fischarten können Sie bei uns Aal,Barbe,Barsch,
Bachforelle,Regenbogenforelle, Rapfen,Hecht, Zander,
Döbel,Brassen ,Rotaugen,Rotfedern,Schleie,Karpfen und
Hasel erwarten. Dazu kommen noch Nase und Zährte und
in jüngster Zeit Waller.Die Angelarten finden Sie hinten
im Buch kurz beschrieben.
Steigen wir ein und fahren zurück zu unserem
Ausgangspunkt. Die Lindenallee jetzt aber geradeaus bis
zur Karlstraße,rechts auf die Hauptstraße einbiegen und
an der Ampel gleich wieder nach links. Geradeaus weiter
und an der zweiten Ampel rechts in den Hafendamm
einbiegen und schon haben wir den Johannismarkt wieder
erreicht. Vielen Dank für Ihre Begleitung..

Heinsen

Von der B83 aus Richtung Holzminden kommend rechts vor Heinsen abfahren. Sehr groß mit alten Baumbestand im Wesertal gelegen enthält alten Fischbesatz mit großen Exemplaren.

Mit Gastkarte zu beangeln.

Angelteich Heinsen

Heute wollen wir einen unserer größten Angelteiche
besuchen, den Angelteich Heinsen. Er liegt im Norden
von Holzminden auf dem gegenseitigen Uferbereich der
Weser zwischen den Ortschaften Stahle und Heinsen und
ist von der B83 aus gut zu erreichen.

Wir starten wieder vom Parkplatz Johannismarkt in
Holzminden und fahren über die alte Weserbrücke in
Richtung Stahle,Wir unterqueren die Brücke der B64 und
fahren geradeaus durch Stahle durch. Am Ortsausgang
steht rechts das Hotel Kiekenstein von dessen Parkplatz
aus man einen prima Ausblick über Holzminden, die
Weser und die Brücken hat, ein beliebter Fototreffpunkt.
Außerdem können Sie hier die ganze untere Weserstrecke
einsehen und sich einen passenden Angelplatz aussuchen.
Weiter geht es geradeaus,links der Hang des Kiekenstein
und rechts die Weserwiesen. Nach dem nächsten Hügel,
rechts ein Parkplatz für Wanderer, steuern wir auf eine
Ansammlung von Teichen zu die in den Weserauen
liegen. Wir werden langsamer und fahren rechts die
zweite Abfahrt von der B83 herunter.

Der erste Teich gehört dem NABU und darf nicht befischt
werden, interessant ist dort eine Hütte zur
Vogelbeobachtung aus der man gut geschützt
fotografieren kann.Aufnahmen von Fischreiher und
Kormoran sind dort leicht zu realisieren.

Der dritte Teich gehört zu Polle und kann nur mit der
entsprechender Gastkarte befischt werden.

Uns gehört der zweite, mittlere Teich.Wir fahren langsam

bis zu Mitte des Teichufers. Hier, gegenüber einer ehemaligen Garage, parken wir und steigen aus.
Geradeaus an der Garage vorbei kommen wir auf eine Landzunge mit einem alten Grillplatz, ein beliebter Platz für Raubfischangler.Von hier können wir den halben Teich überblicken und uns orientieren. Der Teich hat L-Form wobei der längere Schenkel jetzt vor uns liegt. Es ist unser am längsten bewirtschafteter Teich und ist von alten Bäumen eingerahmt. An allen Seiten sind gut erreichbare Angelplätze geschaffen und inmitten der Natur vergisst man die Zeit.
Es empfiehlt sich zum Kennenlernen einmal die Zeit zu nehmen und den Teich zu Fuß zu umrunden.Man kann auch mit dem Auto herumfahren , auf der Längstseite sind zwei Parkplätze vorhanden, jedoch übersieht man leicht die Abgänge zu den Angelplätzen.
Die hauptsächlich gelandeten Fischarten sind Karpfen Hecht und Aal, oftmals in sehr großen Exemplaren. Andere Fischarten wie Weißfische sind vorhanden jedoch von untergeordneter Bedeutung.
Es ist das Revier unserer Großkarpfenangler und der Catch and release Freunde. Die hauptsächlichste Angelart ist das Grundangeln, mit Boilies auf Karpfen, mit totem Köderfisch auf Hecht und Raubaal oder mit Tauwurm auf Aal. Nachtangeln ist erlaubt, Zelten allerdings verboten.
Sondergenehmigungen erteilt der erste Vorsitzende nur an Vereinsmitglieder.Der Teich ist für Gastangler in der Gastkarte Holzminden eingeschlossen. Er hat eine Größe

von ca. 100.000qm.

Die zweite gebräuchliche Angelart ist das schwere Spinnfischen, meist mit Wobblern anstelle von Eisen. Unser erfolgreichster Hechtangler im Verein ist ein reiner Spinnfischer der den Gummifisch 10-12cm mit 14g Jighaken favorisiert. Seine jährliche Fangstatistik von 30 bis 50 maßigen Hechten, davon mehrere 1m und größer scheint ihm Recht zu geben.

Lindenallee

Im Norden von Holzminden gelegen, unweit der Weser und leicht erreichbar. Der Spitzname „Brassenloch" ist nicht zutreffend, die meisten Zander werden dort gefangen. Mit Gastkarte beangelbar.

Angelteich Lindenallee

Heute wollen wir den Angelteich Lindenallee besuchen. Wir starten wieder vom Parkplatz Johannismarkt, fahren an der Ampel links ab Richtung Innenstadt und biegen an der nächsten Ampel wiederum links ab. Wir überqueren den Haarmannplatz, wobei uns rechts die Baugewerbeschule begrüßt und links das größte Kaufhaus der Stadt uns seine Betonfassade entgegen reckt. Wir fahren weiter durch die Neue Straße, in der sich die Kreisverwaltung, das Rathaus der Stadt Holzminden und das Ordnungsamt befinden. Am Ende der Straße biegen wir an der Ampel rechts ab. Links sehen wir das imposante Gebäude des Amtsgerichts, weiter vorn an der nächsten Straßenecke das Hotel Buntrock. Hier biegen wir links ein, durchfahren den schmalen Forster Weg und folgen der Straße in die Lindenallee. Wir fahren geradeaus, über die neue B 64 Schnellstraße hinweg bis ans Ende der Lindenallee. Die linksseitigen Teiche befinden sich in Privathand. Am Ende der Lindenallee fahren wir rechts parallel zur Weser noch ca. 500 Meter und befinden uns dann am Parkplatz des Kiesteiches Lindenallee. Hier verlassen wir das Auto und begeben uns für einen ersten Überblick geradeaus zum Teichufer. Dieser Teich ist stark bewachsen und hat im Sommer viel Kraut im Wasser. Auch hier sind in regelmäßigen Abständen Angelplätze angelegt. Natürlich kann man überall angeln, doch sollte man dann reißfeste Kleidung anhaben, da ringsherum ein starker Bewuchs mit alten Brombeerhecken existiert.

Der Teich trägt seinen Spitznamen „Brassenloch" zu Unrecht. Die am wenigsten gefangene Fischart dürfte dort der Brassen sein.

Vielmehr produziert dieser Teich die meisten Zander unserer Angelstrecke. Weiterhin werden Hecht und Aal, sowie Karpfen gefangen. Auch Weißfische kommen in guten Beständen vor.

Bei den Angelarten halten sich Grund- und Stippfischen die Waage, die meisten Zander werden jedoch beim Spinnfischen erbeutet. Der vordere gepflegte Teil des Teiches lädt auch die Familie des Anglers zum Verweilen ein. Hier findet auch einmal im Jahr ein großes Familienfest des Vereins statt. In hinteren Teil des Teiches hat man jedoch nur Ausblick auf Industriebrache.

Der Teich hat eine Größe von ca. 130 000 qm und ist mit der Gastkarte beangelbar.

Die vom Verein aufgehängten und durch unseren Naturschutzwart betreuten Nistkästen sorgen für eine reiche Vogelwelt. Nicht nur Schwäne, Enten und Haubentaucher , sondern auch viele Singvögel bereichern die Fauna dieses Platzes.

Auch der Kormoran und der Fischreiher sind hier gelegentlich zu Gast. Dies zeigt den Fischreichtum dieses Gewässers. Wunderschön anzusehen sind auch die vielen Wasserpflanzen wie kleine und große Mummel und die wilde Teichrose. Konsequenter Drill ist erforderlich damit die gehakten Fische nicht in den Seerosen abreißen.

Am Teichgrund leben viele Muscheln. Genießen Sie dort auch einmal den Sonnenuntergang.

Hainanger

Ringsum von Bäumen eingerahmt, mit einer interessanten Vogelwelt. Eine Regenschutzhütte und ein Grillplatz laden zum längeren Aufenthalt z.B. beim Nachtangeln auf Aale.

Mit Gastkarte zu beangeln.

Angelteich Hainanger

Heute wollen wir einen idyllischen Angelteich im Süden der Stadt aufsuchen, den Hainanger. Wir starten wieder vom Johannismarkt zu unserer Angeltour. Dazu biegen wir an der Ampel nach links auf den Hafendamm ein und fahren in Richtung Innenstadt.Jetzt gibt es zwei gute Routen.

 Bei Route A fahren wir gleich in der ersten Linkskurve nach rechts ab, fahren ca.50m geradeaus und biegen dann rechts in einen Kolonieweg ein. Wir fahren durch die gesamte Kleingartenkolonie hindurch ,rechts geht dabei ein Stichweg zur Weser ab wo man den Wagen abstellen kann wenn man hier an der Weser angeln möchte.Heute fahren wir aber geradeaus weiter. Am Ende der Kolonie tauchen Felder und Wiesen auf und der Weg biegt hart links ab. Am Ende der Straße stoßen wir nun auf die gleiche Feldstraße auf die wir bei Route B auch gelangen. Hier vereinigen sich beide Routen.

Wir biegen rechts auf die Straße ein und fahren ca. 300m geradeaus. Links liegen kleine Privatteiche, rechts Äcker. Wir stoßen auf eine kleine Brücke über den sog. „Hechtgraben" und biegen davor nach links auf einen Feldweg ab. Der erste Feldweg rechts ab führt zum Hainanger und zum Modellfliegerplatz der direkt daneben liegt.Hier ist ein gut befestigter Parkplatz angelegt auf dem wir den Wagen abstellen können.

Bei Route B fahren wir den Hafendamm bis zur Ampel und biegen hier rechts ab. Wir fahren am Kino vorbei durch die Fürstenberger Straße stadtauswärts bis zur

Ampel Ecke Wilhelm-Raabe-Straße. Hier biegen wir rechts ab und fahren bis zum Ende. Links abbiegen in die Bleiche und nach ca. 100m nach rechts in die gesperrte (Anlieger Frei) Feldstraße fahren und nun immer geradeaus bis die Koloniestraße von Route A rechts als erster Abzweig auftaucht. Nun geht es geradeaus weiter wie unter Route A beschrieben.

Auffällig am Hainanger ist die mit einer Schranke verschlossene Rasenfläche des Teiches.Dies ist der zentrale Platz für Vereinsfeste und Treffpunkt für anglerische Veranstaltungen.

Hier befinden sich einige Ruhebänke, ein Regenschutzpavillon und ein Grillplatz. Gleich daneben, auf kürzestem Wege vom Parkplatz erreichbar, wurde ein Angelplatz für Rollstuhlfahrer eingerichtet.

Am Westufer ist eine steile Böschung und auf deren anderen Seite liegt der Modellfliegerplatz auf dem mittwochs und sonnabends oft starker Flugverkehr herrscht.

Am Südufer ziehen sich am flachen Ufer große Kiesbänke hin, am Nordufer wächst Schilf und Hornkraut, hier liegen neben den Rollstuhlplatz mehrere gute Angelplätze, das Ostufer ist wieder steil und stark bewachsen . Hier liegen oft Baumreste im Wasser.

Der Teich ist sehr flach (4-5m)und daher im Sommer warm. Ringsherum ist er von hohem alten Baumbestand eingefasst, der die Lebensgrundlage einer vielfältigen Vogelwelt bietet. Der Teich erzeugt im Sommer sehr viel Kraut, das die Spinnfischer leicht zur Verzweiflung treibt.

Hauptsächlich wird hier Grundangeln auf Aal und Spinnfischen auf Hecht betrieben. Die größten Hechte des Vereins wurden hier gefangen (1,35 m).

Neben Hecht, Aal und Karpfen rundet ein starker Barschbestand die Fischpopulation ab.Auch die größten Brassen (6,5kg) stammen von hier was alles über den Weißfischbestand aussagt. Der größte gewogene Karpfen wog auch stolze 18 kg.Vereinzelt werden aus älteren Besatz stammende Zander erbeutet (85cm).Die Schleien haben 800 bis 1200g und vermehren sich gut.

Der Teich ist ca. 40.000qm groß und mit der Gastkarte beangelbar. Nachtangeln ist erlaubt, zelten wie überall an unseren Gewässern verboten.

Auch in den Sommermonaten kann man hier eine kleine Gruppe von Kormoranen beim Fischfang beobachten und der Fischreiher sowie einige Haubentaucher begutachten oft unsere Angelkünste. Trotz dieser Konkurrenz bürgt dieser Teich durch seine hohe Produktivität für erlebnisreiche Angelstunden mit guten Fängen. Abends kehrt Ruhe ein und die einzigen Flieger sind die hier recht häufigen Fledermäuse deren Flugkünste zwischen unseren Schnüren und Ruten hindurch uns erfreuen. Während oben die Enten,Bleßhühner und Taucher ihre Schlafquartiere aufsuchen wird in der blauen Stunde unter Wasser noch einmal der Tisch gedeckt. Jetzt haben wir die besten Fangchancen.Das rascheln im Gebüsch sind nur einige der vielen Wildkaninchen die hier große Baue haben. Hier lassen wir die Seele baumeln.

Kirchhoff

Unser größter Teich im Süden der Stadt, wird noch ausgebeutet.
Mit Gastkarte beangelbar. Sehr guter Fischbestand.

Angelteich Kirchhoff

Um den größten Angelteich im Süden der Stadt aufzusuchen starten wir wieder vom Johannismarkt. Wir biegen an der Ampel nach links in Richtung Stadtmitte auf den Hafendamm ein und fahren an der nächsten Ampel rechts ab auf die Fürstenberger Straße in Richtung Höxter. Je näher der Stadtrand kommt desto mehr Industriebetriebe tauchen auf. Rechts die Firma Stiebel Eltron, bekannt für alles was mit Warmwasser zu tun hat, links geht es ab zur Glashütte. Wir fahren geradeaus weiter bis wir den Ortsausgang erreicht haben. Hier beginnt rechts hinter der letzten Firma eine Feldstraße. Gegenüber liegt eine Umspannstation .wir biegen auf die Feldstraße ein und erschrecken nicht wenn ein voll beladener 40 t Kieslaster uns entgegenkommt, wir dürfen hier fahren. Links von uns lockt ein großer Teich aber der gehört dem Landesverband Nordrhein-Westfalen und ist für uns heute tabu. Nach ca.150m kommen wir an eine Kreuzung auf der noch Altgebäude eines ehemaligen Kieswerkes stehen. Geradeaus über eine kleine Brücke geht es zu unserem Teich „Nachtigallenblick", wir biegen rechts ab zu unseren Teichen „Unter der Dickte" und „Kirchhoff". Nach dem Einbiegen liegt links ein schöner Teich, auch er ist tabu denn er gehört dem ASV Bevern. Vor uns tauchen jetzt die Silos und Förderbänder eines Kieswerkes auf, wir sind angelangt.
Falls man gleich hier bleiben möchte sollte man aufpassen das der parkende Wagen nicht den

Produktionsbetrieb des Kieswerkes stört. Ansonsten können wir den Teich „Kirchhoff" auch umfahren und in einer der Parkbuchten anhalten.

Alternativ kann man den Teich natürlich auch vom „Hainanger" aus anfahren.Dazu fahren wir auf der Feldstraße am Abzweig zum Hainanger nicht rechts ab sondern geradeaus bis zum Ende und biegen dort nach rechts ein. Nach 100m stehen wir vor den sich gegenüberliegenden Teichen „Unter der Dickte" und „Kirchhoff".

Bäume existieren hier nur als junger Aufwuchs, Büsche säumen die Teichufer. Im Ufernahen Bereich wachsen große Felder von Hornkraut und man muss bei der Angelplatzsuche unbedingt darauf achten das man eine Lücke erwischt.

Das Auge kann weit über das Wesertal schweifen und über die dort angesiedelten Industrieanlagen und Kieswerke mit ihren Halden.

In den großen Betrieben wird auch nachts gearbeitet, dementsprechend ist die Beleuchtung und die Lärmkulisse die ein Einschlafen beim Nachtangeln wirksam verhindert.

Es ist besser nur robustes schmutzunempfindliches Schuhwerk zu tragen da der Boden oft weich und schmierig ist.

An den Lärm des Kieswerkes und der vielen schweren Laster hat man sich bald gewöhnt und wird durch den weiten Ausblick, wie erwähnt, dafür entschädigt.

Der Teich ist beliebter Lebensraum von allen

Wasservögeln, auch den durchziehenden Gänsen und Kormoranen. Auch die Schwäne fühlen sich hier wohl. Wer gerne Wasservögel beobachtet kommt hier auf seine Kosten ohne das die Tiere das Angeln stören würden, dafür sorgt die Größe der Wasserfläche. Die Baggerstellen sind beliebte Angelplätze für Spinnangler da in dem getrübten Wasser immer Räuber ihre Beute suchen. Aber Vorsicht. An den Spannseilen des Baggers und des Laufbandes endeten schon viele Wobbler ,Blinker und Spinner und schmückten die Stahlseile wie einen Weihnachtsbaum.

Die Landesgrenze läuft durch den Teich so das sich die kuriose Situation ergibt das hier je nach Standort zwei unterschiedliche Fischereigesetze gelten. Achtung, im Süden (Nordrhein-Westfalen) benötigen Sie einen Jahresfischereischein!

An Räubern werden hier regelmäßig Hechte,Zander und Barsche in akzeptablen Größen gefangen Pfündige Barsche sind hier regelmäßige Beute der Spinnangler. Ein guter Aalbestand sorgt für aufregende Nachtangelstunden, die Karpfenfänge liegen zwischen 5 und 15 kg pro Exemplar. Der Weißfischbestand ist ausreichend, bedingt durch die Teichgröße muss zum Anlocken gut angefüttert werden.

Für den Spinnangler ist der Teich ein unbedingtes muss, bester Köder der Gummifisch am Jighaken.

Unter der Dickte

Der Teich ist ca. 80.000qm groß. Er kann mit Gastkarte beangelt werden.

Unser jüngster Teich, im Süden der Stadt gelegen, seit 1999 in Pflege.Sehr weiter Blick .

Starker Bestand an Aal,Karpfen und Zander.

Kann nur von Vereinsmitgliedern beangelt werden.

Angelteich Unter der Dickte

Die Anfahrt ist analog zum erreichen des Teiches
„Kirchhoff". Ein Umfahren des Teiches ist nicht gestattet
und wäre auch nur für Geländefahrzeuge möglich.
Parkmöglichkeiten finden Sie am Kieswerk und am Rand
der Verbindungsstraße zwischen den Teichen
Der Teich ist unser jüngstes Gewässer. Er wird seit 1999
besetzt und seit 2004 beangelt.
Der Wasserstand schwankt im Jahresrhythmus stark , da
er von Grundwasser gespeist wird.Das Nördliche und
Östliche Ufer sind sehr steil durch das ausbaggern , das
Südliche und Westliche Ufer lädt zum Angeln ein. Die
flachste Stelle ist die Südwestliche Teichecke.
Hier wächst Schilf und die Karpfen spielen hier.
Am ganzen Teichrand wachsen große Bänke von
Hornkraut und Wasserpest, dies muss man beim
Aussuchen des Angelplatzes beachten da sonst das landen
des Fanges schwierig wird.
Auf dem Teich halten sich ebenfalls alle Arten von
Wasservögeln auf.Vor allem die Gänse scheinen diesen
Teich zu bevorzugen und im Winter fallen die Kormorane
hier ein.
Dieser Teich ist sehr produktiv und ernährt sowohl Angler
wie auch tierische Fischjäger.
Hier ist der Zander der Leitfisch und der Hecht kommt
durch Mangel an Standorten nur selten vor.Aal ist gut
abgewachsen und die Karpfen erreichen oft über 60cm.
Etliche alte und daher schwer zu erbeutende

Regenbogenforellen ziehen hier ihre Kreise und die Weißfische haben ein Kreuz wie anderswo Forellen.

Hier stehen herrlich gefärbte Rotfedern mit 800g neben 36cm großen Haseln.

Hier werden alle Angelarten angewendet, auch das Stippfischen bringt hier gute Ergebnisse. Das Spinnangeln bringt oft die besten Resultate. Beim Grundangeln beißen nachts dicke Aale und tagsüber die Karpfen in allen Größen. Auch der tote Köderfisch bringt oft Erfolg und Zanderfilett ist doch wohl eine äußerst schmackhafte Beute.

Der Anblick der zerfurchten Umgebung ist zugegebenermaßen nicht schön , aber die hier gefangenen Fische entschädigen für vieles.

Dieser Teich muss sich erst noch entwickeln um sein volles Erholungspotenzial auszuschöpfen.Seine Ufer werden jetzt bepflanzt,Angelplätze eingerichtet, für die Vogelwelt gesorgt. Dazu hängen hier in der Umgebung schon fast 30 Brutkästen verschiedenster Art.

Er darf nur von Vereinsmitgliedern beangelt werden.

Nachtigallenblick

Sehr schöner Teich im Süden der Stadt dessen südliches Ufer
während der Brutzeit der Vögel nicht betreten werden soll.
Nur für Vereinsmitglieder beangelbar.

Angelteich Nachtigallenblick

Auch hier ist die Anfahrt wie unter „Angelteich Kirchhoff" beschrieben, nur das wir an der Kreuzung am ehemaligen Kieswerk nicht rechts abbiegen sondern geradeaus fahren. Dabei überqueren wir eine kleine, enge Brücke und sehen vor uns mehrere Teiche.

Rechts von uns ist der sog. Beveraner Teich an dem wir ohne eine Gastkarte aus Bevern natürlich nichts zu suchen haben.

Links von uns ist ein schlecht befahrbarer Damm welcher den Teich des Nordrhein-Westfälischen Verbandes von unserem „Nachtigallenblick" trennt. Das befahren dieses Weges um an das südliche Ufer zu kommen, ist nicht gestattet.

Auch das Parken ist hier verboten.

Wir fahren geradeaus weiter, immer zwischen den zwei Teichen durch. Hier können Sie parken wenn Sie am Nordufer einen Angelplatz befischen wollen.

Wir fahren jedoch weiter zur Südwestspitze des Teiches und biegen links auf einen kleinen Parkplatz ein wo wir den Wagen abstellen.

Das südwestliche Ufer und der nordöstliche Damm sind nur zu Fuß zu erreichen.Man sollte sich schon vorher überlegen mit was man sich belastet .

Wir steigen aus und gehen die je nach Wasserstand 20 bis 30m zum Ufer. Hier stehen wir an der schmalen Spitze des Teiches und vor uns öffnet sich das Panorama des wunderschönen Weserberglandes.

Die Industrieanlagen sind hinter den Bäumen verschwunden und uns gegenüber grüßt der Stadtwald mit seinem Aussichtsturm herüber.

Wir blicken auf eine große Wasserfläche die sich vor uns öffnet und sehen die Blätter und Blüten der großen Seerosenfelder die den oberen Teichabschnitt direkt vor uns verschönern.

Hier ist der flachste Gewässerbereich und vor den Seerosen wälzen sich die Karpfen, während die Räuber den hinteren, breiten und tieferen Teil des Teiches bevorzugen.

Das südwestliche Ufer sollte während der Vogelbrutzeit nicht betreten werden da es stark verbuscht ist und die Tiere nicht beunruhigt werden sollen. Hier fällt das Ufer auch flach zur Gewässermitte hin ab.

Am Nordwestlichen Ufer und am Damm geht es ziemlich steil nach unten

Der Teich neigt zur Eutrophierung da er von Feldern umgeben ist, er wird also im Sommer grün. Die starke Algenbildung sollte aber nicht vom Angeln abhalten, die Fische schmecken vorzüglich.

Im Sommer werden hier schöne Karpfen angelandet, die Schleien sind in allen Größen vorhanden und nachts werden mit totem Köderfisch starke Raubaale gefangen, Längen um 1m sind dabei keine Seltenheit.

Hier herrscht als Raubfisch der Zander und hat eine hohe Populationsdichte im Teich.

Vereinzelt werden auch Hechte gefangen. Diese kommen nicht durch Besatzmaßnahmen in das Gewässer sondern durch natürliche Vermehrung wie z.B. Laicheintrag durch Wassergeflügel. Der Teich wird ab und an beim Frühjahreshochwasser der Weser überschwemmt wodurch ebenfalls ein Austausch der Fischpopulationen stattfindet. Den größten Hecht meines Lebens sah ich hier aus dem Wasser springen, mindestens 135cm und einen Karpfen von 3kg quer im Maul. Vier Abende hintereinander habe ich auf ihn gejagt, vergeblich.

Da die vorherrschende Windrichtung aus West-Südwest kommt wird die meiste Nahrung auf das gut erreichbare Nordufer zu getrieben. Hier liegen dann auch die erfolgreichsten Angelplätze des Teiches.

Alle 20-30m sind gut erreichbare Angelplätze am Ufer angelegt , beginnend vor dem ersten Seerosenfeld.

Wenn man dort im Frühling sitzt, der Kuckuck über einem ruft, die warme Sonne die Wintermüdigkeit aus den Knochen vertreibt und man neben den Vogelrufen und Insektenzirpen von Ferne das Glocken läuten der Lüchtringer Kirche hört, dann entspannt man sich, vergisst alle Sorgen und fühlt sich rundum wohl.

Der Teich hat eine Größe von ca. 55.000qm und ist ausschließlich von Vereinsmitgliedern zu beangeln.

Man sollte daran Denken das dieser Teich in Nordrhein-Westfalen liegt und hier ein Jahresfischereischein zwingend vorgeschrieben ist. Die Polizei aus Höxter fährt öfters zu Kontrollen am Teich entlang und bei fehlenden Papieren, z.B. dem Jahresfischereischein, ist nicht nur die Angelsitzung beendet sondern es wird auch noch ein saftiges Bußgeld fällig.

Die Gewässer des Sportfischervereins Holzminden.

Kiesteich Heinsen , ca. 100.000qm im Norden

Kiesteich Lindenallee , ca.130.000qm im Norden

Kiesteich Hainanger , ca. 40.000qm im Süden

Kiesteich Kirchhoff , ca.80.000qm im Süden

Kiesteich Unter der Dickte , ca.45.000qm im Süden,nur für Mitglieder.

Kiesteich Nachtigallenblick , ca. 55.000qm im Süden, nur für Mitglieder.

Rechtes Weserufer , Km 78,9 bis Km 84.3

Linkes Weserufer , Km 79,9 bis Km 80,2

Herrenbach , von der Eisenbahnbrücke bis zur Mündung in die Weser.

Gewässerordnung für Gastangler
Sportfischerverein Holzminden e.V.
Gültig seit 01.10.2006

Mindestmaße:	Aal	35cm
	Barbe	35cm
	Forelle	25cm
	Hecht	50cm
	Schleie	25cm
	Karpfen	35cm
	Zander	50cm
Schonzeiten:	Bachforelle	15.10. bis 15.02.
	Hecht	01.02. bis 30.04.
	Zander	01.02. bis 30.04.

Fangbeschränkung: 3 Salmoniden /Tag

2 Raubfische /Tag,Hecht,Zander etc.

3 Edelfische/Tag,Karpfen,Schleie etc.

Erlaubt ist: zwei Handangeln, davon eine auf Raubfisch. Nachtangeln.

Verboten ist: Zelten und/oder offenes Feuer außerhalb dafür vorgesehener Plätze, zurücklassen von Müll am Angelplatz.

Die Gewässerordnung des SFV Holzminden sowie das Niedersächsische Fischereigesetz sind zu beachten. Bei Kontrollen sind gültige Papiere sowie Maß,Landungshilfe Schlagstock und Messer vorzuweisen.Fahrzeuge sind am Straßenrand oder Parkplätzen abzustellen.

Verstöße ziehen den den Einzug der Gastkarte nach sich.

Der Sportfischerverein Holzminden e.V.

Der Verein wurde 1925 gegründet. Er hat z.Z. ca. 300 Mitglieder und eine Jugendgruppe. Er ist Mitglied im Landessportfischerverband Niedersachsen e.V. und darüber im VDSF, dem Verband Deutscher Sportfischer e.V. Offenbach auf Bundesebene.Dem VDSF Bezirk Weser 8 -von Holzminden bis Rinteln – ist er mit 13 anderen Vereinen zugeordnet.

Die Ziele des Vereins sind :
Die Erhaltung und Pflege der Natur und die Erhaltung der Artenvielfalt der Fischbestände. Schutz und Überwachung der Gewässer und aller Tier- und Pflanzenarten in und an dem Gewässern. Die Renaturierung erworbener Gewässer.Die Schaffung von Schutzzonen für alle Vögel mit Nist- und Brutmöglichkeiten. Tier- und naturschutzgerechtes Verhalten an den Gewässern fördern und aktiven Naturschutz betreiben.

Ausbildung der Jungangler durch geschulte Jugendleiter und Ausbildung zum Sportfischer im theoretischen und praktischem Teil mit abschließender Prüfung.

Durchführung von Lehrgängen zur Sportfischerprüfung. Zum 75 jährigem Bestehen des Vereins wurde eine Festschrift verfasst, die auch eine Chronik enthält.Sie ist noch zu erwerben und sehr interessant geschrieben. Eine Aufnahme in den Verein ist auf Antrag jederzeit möglich.

Angelmöglichkeiten in der Umgebung

Stahle

Der Fischereiverein Stahle e.V. hat seine Weserstrecke am linken Ufer gegenüber von Holzminden und zwar von km 78,78 bis km 85,28 mit Ausnahme des Holzmindener Brückenkopfes. Er bietet vier nebeneinander liegende Kiesteiche zum befischen an die z.B. vom Campingplatz aus leicht zu erreichen sind.Die Modalitäten für Gastangler sind einer Gewässerkarte entnehmbar, die ich folgend auszugsweise wiedergebe.

Hinweise für Gastangler:

Fischart	Schonmaß	Schonzeit
Aal	45cm	
Barbe	35cm	15.05.-15.06.
Bachforelle	25cm	20.10.-15.03.
Hecht	55cm	10.01.-30.04.
Karpfen	35cm	
Nase	25cm	01.03.-30.04.
Schleie	30cm	
Zander	45cm	01.04.-31.05.

Die gesetzlichen und die speziellen Mindestmaße und Schonzeiten des Fischereivereins Stahle e.V. sind unbedingt einzuhalten.

Es dürfen nur 2 Edelfische / Tag (Karpfen,Schleie,

Hecht, Zander etc.) dem Gewässer entnommen werden.

Es darf nur mit zwei Handangeln gefischt werden.

Wer die Spinnfischerei ausübt darf keine weitere Angel mehr betreiben.

Zelten und Campieren ist verboten.

!!Es besteht ein Nachtangelverbot von 21.30 – 06.00 Uhr, in dieser Zeit müssen Sie das Angelgewässer verlassen.!!

Lagerfeuer sind verboten.

Für Gastangler besteht kein Versicherungsschutz über den Fischereiverein Stahle e.V.

Es ist verboten Abfall zurückzulassen.

Verstöße gegen diese Gewässerordnung führen zum Einzug der Angelerlaubnis.

Das Angeln in allen Kiesteichen ist ohne Einschränkung erlaubt. Ausnahme ist die Laichzone in Kiessee Krüger zwischen der Anglerhütte und dem Radfahrweg.

Das Anfüttern ist mit einem Liter Trockenfutter einschließlich Lebendfutter pro Tag erlaubt.

Das Anfüttern und Angeln mit Boilies ist mit max. 500g pro Tag erlaubt.

Das Angeln vom Boot aus ist verboten.

In der Weser gibt es kein Köder –und Anfütterungsverbot.

Es besteht ein Fahrverbot auf allen nicht vereinseigenen Wiesen und sonstigen Flächen.

Der Angelverein selbst hat ungefähr 250 Mitglieder und eine Jugendgruppe. Um eine Mitgliedschaft kann man sich bewerben.

Bevern

Die Beveraner Strecke schließt sich nahtlos stromabwärts an die Holzmindener Weserstrecke am rechten Ufer an. Sie reicht bis hinter Bevern/Forst und zeichnet sich durch viele Buhnen aus . Kennzeichnent ist die dortige Auenlandschaft. Auch hier ist die Strecke nur einseitig am rechten Weserufer.

Bevern hat für Gastangler den schon erwähnten Teich im Süden von Holzminden geöffnet, gegenüber des Teiches „Nachtigallenblick".

Die genauen Modalitäten entnehmen Sie bitte der jeweils gültigen Gastkarte.

Polle

Die Strecke reicht auf dem rechten Weserufer von der Stahler Grenze bis hinter Bodenwerder da Polle einer Pachtgemeinschaft angehört.Teiche sind für Gäste nicht frei,die genauen Modalitäten entnehmen Sie bitte der jeweils gültigen Gastkarte.

Lüchtringen

Die Lüchtringer Strecke schließt sich stromaufwärts an die Holzmindener Strecke am rechten Weserufer an. Sie ist gekennzeichnet durch viele flache Buhnen. Das Angelgebiet von Lüchtringen liegt in Nordrhein-Westfalen.Die dortigen Fischereigesetze sind zu beachten. Der Teich des Landesverbandes , der an unseren „Nachtigallenblick" angrenzt, ist nur mit einer gesonderten Gastkarte des Verbandes, nicht des Vereins, zu beangeln.

Gastkartenausgabestellen

für

Holzminden: Günther`s Freizeitshop
Oberbachstr.53
37603 Holzminden
05531/7982
09.15-18.30 Uhr
samstags bis 16.00 Uhr
Angeln-Messer-Waffen
www.freizeitshop-holzminden.de

Esso Tankstelle
Sollingstr.65
05531/7275
auch Sonntags

Mobil-und Campingpark Wagner
Stahler Ufer 16a
05531/990978
www.mobilcamping.de

Bevern : Zoohandlung Dörr
Münchhausenstr.32
05531/8651

Stahle : Günther`s Freizeitshop
und
Mobil- und Campingpark Wagner
Alle Angaben Stand 2017. Änderungen möglich.

Nützliche Adressen
rund um Holzminden

Sportfischerverein Holzminden e.V.
Lindenallee 24
37603 Holzminden
http://sfvholzminden.jimdo.com

Fischereiverein Stahle e,V.
Im Lerchenfeld 4
37671 Höxter
http://www.fischereiverein-stahle.de

Sportfischerverein Bevern e.V.
Kopernikusstr. 5
37603 Holzminden

Fischereiverein Lüchtringen e.V.
Postweg Nord 1
37671 Höxter

Sportfischerverein Polle-Grave e.V.
Hauptstr.38
37619 Pegestorf

Fremdenverkehrsamt Holzminden
Obere Str. 30
37603 Holzminden
Tel. 05531-959291
www.holzminden.de

Campingplatz Polle
Mühlenweg 2
37647 Polle
Tel. 05535-94180
www.weser-camping.de

Mobilcamping Holzminden
Am Stahler Ufer 16
37603 Holzminden
Tel. 05531-990965
www.mobilcamping.de

Günther`s Freizeitshop
Oberbachstr.53
37603 Holzminden
Tel. 05531-7982
www.freizeitshop-holzminden.de

Zoohandlung Dörr
Münchhausenstr. 32
37639 Bevern
Tel. 05531-8651

Fischverwertung
Bratfisch *sauer mariniert*

Damit sich die Arbeit lohnt benötigt man ein Dutzend bis 20 Stück guter Weißfische wie Rotaugen, Rotfedern, Döbeln oder Hasel. Brassen eignen sich nicht so gut.
Die Fische werden gesäubert, gesalzen und gebraten. Ob mit oder ohne Panade aus Mehl ist Geschmackssache.
Für die Marinade benötigen wir folgendes: 1 l Wasser , ½ l Essig, 5-6 Zwiebeln in Ringen, 4 Lorbeerblätter, einige Wacholderbeeren, etwas Koriander, 2-3 Eßlöffel Senfkörner, einige Nelken, 20 Pfefferkörner schwarz, etwas Salz, Zucker oder Süßstoff je nach Geschmack .
Für die Marinade werden alle Zutaten zusammen aufgekocht und dann ziehen gelassen. Den **kalten** Sud dann über die Bratfische geben und diese vollständig bedeckt min. 24 Std. ziehen lassen. Nach 48 Std. ist das Ergebnis noch besser. Wem das zu viele Gewürze sind kauft sich eine Packung Einlegegewürz und benutzt dieses Man sollte aber den Dillanteil reduzieren.
Es eignen sich natürlich auch andere Fische für diese Veredelung wie z.B. Barsche,Rapfen oder Aalstücke.

Das Räuchern von Fischen

Viele Angler werden ihre Fänge selber räuchern. Man kann davon ausgehen das jeder Fisch (mal besser- mal schlechter) ein möglicher Räucherfisch ist. Die zwei bekanntesten dürften wohl der Aal und die Forelle sein, aber auch Brassen,Karpfen,Barben,Schleien usw. ergeben einen leckeren Räucherfisch..
Es gibt zwei Möglichkeiten des Räucherns, kalt- oder

Heißräuchern. Letzteres kommt für uns Angler am meisten in Betracht.Es gibt dafür kleine Tischöfen, kleinere und größere Schränke und ausziebare Tonnen , die vor allem unsere Aalangler bevorzugen. Bei allen diesen Geräten wird erst gegart und dann geräuchert. Die Vielfältigkeit des Räucherns ist so groß das sie den Rahmen dieses Büchleins sprengt. Am besten sehen Sie einem erfahren Angler bei der Zubereitung zu um die Feinheiten zu endecken . Allgemein gilt folgendes :

1. Fisch gut säubern (unbedingt die Niere entfernen)
2. Fische ca. 12 Std. in 10% Salzlake einlegen oder min.2 Std. in gesättigter kalter Salzlake.
3. Fische danach gründlich abwaschen und säubern.
4. Fisch trockentupfen und in den Räucherofen geben wobei Aale besser nur hängend geräuchert werden.
5. Garvorgang beginnen, je nach Gerät durch Brenner oder Holzspanfeuer, dabei nur reines Holz am besten der Buche verwenden.
6. Wenn der Fisch gar ist (erkennbar am aufklappen der Bauchlappen oder dem leichten Herauslösen der Rückenflosse) beginnen wir den Räuchervorgang indem wir Räuchermehl auf die Feuerstelle geben. Im einfachsten Fall ist das reines Buchenholzmehl, zum verfeinern des Geschmackes und der Farbe gibt man verschiedene Zutaten wie z.B. Eiche,Erle und andere Holzsorten, oder auch Wacholderbeeren oder Tannenzapfen.
7. Nach ca.15-20 min Räuchern kann der Fisch , nun goldgelb, entnommen werden.

Beliebte Angelmethoden

An der Weser wird bei uns auf alle Cypriniden mit langen Bologneseruten von 5, 6 und 7m Länge an der Kante der Fahrwasserrinne gefischt und der häufigste Köder ist die Made, gefolgt von Mais. Es muß gut angefüttert werden mit stark bindenden Anfutter. Die Posen liegen zwischen 2,5 bis 5g Tragkraft, bei der starken Srömung kommen auch Lollipopmodelle zum Einsatz

Der Feederangler hat hier sein Revier mit Wurfgewichten über 150g und große Barben beißen gerne auf Wurm und auch auf Käsewürfel.Auch große Zährten werden so gefangen.

Der Spinnangler benutzt schwimmende Wobbler oder leichte Spinner.Beliebt ist auch der mittlere Gummifisch am schrägen Jighaken der sich wenig verfängt. Es werden Barsche, Döbel, Rapfen, Forellen , Hechte und auch Zander damit gefangen

Beim Grundangeln wird meistens auf Aal geangelt, das Bleigewicht liegt in der Weser bei 70-80g, die Bißerkennung erfolgt über Glöckchen und/oder Knicklicht oder einem elektronischem Bissmelder, die Hakengröße 8,6 oder 4 mit Tauwurm beködert..

Beim Ansitz mit toten Köderfisch werden Laufposen mit 15-30g Tragkraft benutzt oder moderne Piepser. Die Anköderung erfolgt oft mit Zwillingshaken Gr.1 im Maul. Hier ist Stahlvorfach angesagt da so viele Hechte erbeutet werden.Außerdem kann man je nach Ködergröße mit Zandern, Raubaalen, Döbeln (6kg-Klasse) und Wallern rechnen.

Inhalt